Jakobsweg

Mythen und Legenden

Bilder von
Martin Schulte-Kellinghaus
und Erich Spiegelhalter

Texte von
Andreas Drouve

Inhalt

Erste Seite:
Nicht alle Pilger unterwegs auf dem Jakobsweg sind echt. Auf dem mitunter nebelverhangenen Alto de San Roque in Galicien begegnet man einer Skulptur des heiligen Rochus, unter dessen Schutz viele Aussätzigenspitäler am Jakobsweg standen.

Seite 2/3:
Kreuzgänge sind Orte der Besinnung, Orte der inneren Einkehr, Orte der letzten Ruhe. Manchmal haben Steinbildhauer schaurige Motive eingearbeitet, wie hier die Schädel im Kreuzgang des Klosters San Zoilo in Carrión de los Condes.

Seite 4/5:
Im Mittelalter war der Jakobsweg ein Weg der tausend Gefahren. Zusätzlich zu realen Risiken konnte die Fantasie sonderbare Wesen in die Landschaft zaubern. Hexen, Gnome, den Teufel. Hier allerdings sind nur arglose Wanderer im Morgenlicht bei Arzúa unterwegs.

Seite 8/9:
Nicht immer lag der „Kreuzgang der Ritter“ (Claustro de los Caballeros) im Kloster Santa María von Nájera so friedlich da. Zu Beginn des 19. Jahrhunderts wüteten hier napoleonische Truppen.

Sternenlichter, Traumgebilde und lebendige Tote

Mord und Totschlag, der verkleidete Teufel in Pilgerkluft, Jakobus und Maria in gleißenden Strahlenkränzen als Retter. Der Jakobsweg öffnet sich als Schatztruhe der Mythen und Fabeln und fußt selbst auf einem Legendengeflecht. Überliefert ist eine Kette rätselhafter Begebnisse, die mit der Überführung des im Jahre 44 in Jerusalem gemarterten Jakobus einsetzt. Ein Engelsschiff, so sagt man, steuerte den von zwei Jüngern begleiteten Leichnam nach Galicien. Dort fand er nach allerlei Widerständen und Gefahren, bei denen gar ein Feuer speiender Drache und wilde Stiere auftauchen, in einem Waldstück seine letzte Ruhe.

Seite 10/11: *Die Kathedrale von Santiago de Compostela verschlägt den Atem. Ende des 10. Jahrhunderts wurde der bescheidene Vorgängerbau von den Truppen des Maurenführers Almanzor zerstört. Die Legende besagt, dass der Kriegsherr das Grab des Apostels Jakobus unangetastet ließ.*

Im 9. Jahrhundert weisen Sternenlichter auf das in der Einsamkeit vergessene Grab. Dies ist die Geburtsstunde von Santiago de Compostela, dem Ort des „heiligen Jakobus vom Sternenfeld". Was folgt, sind Pilgerströme aus ganz Europa zum wiederentdeckten Apostelgrab im Nordwesten Spaniens. Gleichlaufend werden am Jakobsweg, dem Camino de Santiago, immer neue Geschichten geboren: Parabeln, blutige Storys und Schauermärchen, die einem das Blut in den Adern gefrieren lassen.

Zu den tragischen Stoffen zählt jener des Herzogssohnes Wilhelm, der im Mittelalter mit seiner Schwester Felizia aus Frankreich nach Santiago de Compostela pilgert. Auf dem Rückweg spürt Felizia ihre Berufung zum einfachen, christlichen Leben und beschließt, dem höfischen Übermaß zu entsagen. In Navarra stiehlt sie sich davon, findet Arbeit als Magd bei einem Gutsherrn und kümmert sich nebenher um die Armen. Wilhelm, derweil in die Heimat zurückgekehrt und vom Vater beauftragt, Felizia nach Hause zu bringen, stellt ihr nach. Als er sie findet, verweigert sie den Aufbruch und hält an ihrem eingeschlagenen Lebenspfad fest. Da steigt ein solcher Zorn in ihm auf, dass Wilhelm seine geliebte Schwester im Affekt ersticht. Zur Besinnung gekommen, bedauert er seine Tat zutiefst und erlegt sich bis zum letzten Atemzug die Pflege der Jakobspilger

So muss man sich, wie in der Jakobuskirche in Padrón dargestellt, die wundersame Überführung des Jakobusleichnams vorstellen. Das Engelsschiff treibt über das Meer in Richtung Galicien.

in der bei Obanos gelegenen Einsiedelei von Arnotegui auf. Der reumütige Schwesternmörder wird in Spanien zum Heiligen: San Guillermo.

Die Wunder des Jakobus

Die Motive der Legenden und Mythen sind breit gestreut. Ihre gleichnishafte Wirkung, den Glaubenseifer und den Antrieb zur Santiago-Pilgerschaft verstärkt im 12. Jahrhundert der Codex Calixtinus. Dieses fälschlicherweise Papst Calixtus II. zugeschriebene Sammelwerk zum Jakobuskult – dahinter dürfte Santiagos erster Erzbischof Diego Gelmírez als Auftraggeber gesteckt haben – enthält zahlreiche Mirakel des Jakobus.

Eine der Wundergeschichten dreht sich um dreißig Ehrenmänner aus Lothringen, die vor Beginn ihrer gemeinsamen Wallfahrt einen Treueschwur ablegen. In Zeiten der Not wolle man sich gegenseitig Hilfe und Beistand zusichern, geloben sie. Doch als einer der Gefährten schwer erkrankt und zu schwach für die Überquerung der Pyrenäen erscheint, lassen sie ihn im Stich. Einzig jener, der den Eid nicht geleistet hat, bleibt bei dem Hilfsbedürftigen und begleitet ihn ins Gebirge hinauf, wo er in der Nacht verstirbt. Umgeben von Bergeinsamkeit und Finsternis, ruft der treue Gefährte Jakobus an, der in einem glimmernden Strahlenkranz hoch zu Pferde erscheint. Der Heilige nimmt den Leichnam und den lebendigen Pilger auf, sprengt durch Nacht und Wind und lädt sie am Morgen wohlbehalten in Santiago de Compostela ab. Dem Verstorbenen wird ein würdevolles Begräbnis zuteil, dem Lebenden trägt der Apostel auf, er möge den anderen Männern entgegenziehen und ausrichten, wie sehr ihm der Wortbruch missfalle. All das, was man Gott gelobe, sei mit Freude zu erfüllen, heißt es im Codex Calixtinus.

Nicht minder lehrreich, doch blutgetränkt geht es in einer weiteren Erzählung zu. Kurz vor seiner Santiago-Wallfahrt gibt sich ein simpler Geselle der freudigen Fleischeslust hin. Unterwegs begegnet ihm ein Fremder, der sich als Jakobus ausgibt. In Wahrheit ist es niemand anders als der in Pilgerkluft gehüllte Teufel, der ihn mit seinem Vergehen konfrontiert und auffordert, das Werkzeug seines geschlechtlichen Fehltritts abzutrennen. Der Sünder, schlichten Gemüts, greift bei der Rast in der

In den Pyrenäen bedeuteten Nebel, Irrpfade und Wölfe im Mittelalter häufig den Tod. Die Überlieferung berichtet von zwei französischen Pilgern, die einem ausgehungerten Wolfsrudel um Haaresbreite entkamen. Zum Dank für ihre Rettung errichteten sie in den Berghöhen beim Somport-Pass das Pilgerspital Santa Cristina.

Der heilige Jakobus in Pilgerpose ist auf dem Jakobsweg allgegenwärtig. Diese kleine Skulptur in Puente la Reina zeigt die Vereinigung des Französischen und des Aragonesischen Pilgerweges an.

nächsten Herberge tatsächlich zum Messer. Er schneidet sein Glied ab und wird von den Wirtsleuten in einer grässlichen Blutlache gefunden. Jedermann hält ihn für tot, aber als man auf dem örtlichen Friedhof das Grab für ihn aushebt, richtet er sich plötzlich auf und erzählt seine Geschichte: wie ihn der heilige Jakobus den Dämonen entrissen und wiedererweckt habe. Einzig sein Weichteil hat für immer ausgedient. Das Fleisch „wuchs ihm wie zu einer Warze aus, durch die er Wasser ließ", unterstreicht der Codex Calixtinus. Kein schöner Anblick, obwohl: „Er zeigte die Narben her und ließ viele, die es wünschten, sogar die versteckteste Stelle sehen."

Ohne Folgeschäden holt der Apostel in den Montes de Oca, einem Gebirgszug zwischen Logroño und Burgos, einen Jungen ins Leben zurück. Dieser, auf Pilgerschaft mit seinen Eltern, sackt plötzlich tot zusammen. Auf das Flehen der verzweifelten Mutter greift der Heilige ein, bewahrt die entwichene Seele mehr als einen Tag lang im Schoß auf und setzt sie auf Gottes Geheiß wieder in den Körper ein. So erzählt der wiedererwachte Kleine von seiner Reise in den Tod. Und die Moral von der Geschichte? Das Ende des irdischen Daseins braucht niemand zu fürchten, denn der zurückgekehrte Junge hat auch die Herrlichkeit im Himmelreich selbst erlebt und schildert sie mit glühenden Worten.

Karolingischer Sagenzyklus

Wo mochte bei den Handlungen die Grenze zwischen Traumgebilden und Wirklichkeit verlaufen? Welche Geschehnisse lösten die Geschichten aus? Ein aus langer Bewusstlosigkeit wiedererwachter Pilger galt im Mittelalter sicher als Wunderobjekt. Und der Genitalverstümmler, war er nichts weiter als ein gerissener Aufschneider, zumal er sich laut Codex Calixtinus mehrere Tage lang von den Dörflern pflegen ließ? Manche Geschichten – dies ist sicher – entsprangen den Köpfen von Mönchen und Eremiten, die in der

Einsamkeit ihrer Klausen wundersame Stoffe versponnen. Nicht selten steckte dahinter das Wunschziel, den Ruf des jeweiligen Klosters und der Gegend zu verbessern.

An tiefere Absicht gebunden waren auch jene Legenden, die unter dem Einfluss der Reconquista entstanden, der Rückeroberung jener spanischen Landesteile, die die eingefallenen Mauren ab 711 in ihre Gewalt gebracht hatten. Nur vor diesem Hintergrund lässt sich der Auftritt des Santiago Matamoros, „Jakobus Maurentöter", Mitte des 9. Jahrhunderts bei der Schlacht von Clavijo erklären: als gottgewollten Eingriff, als Ansporn für die Truppen. Psychologisch unterstützt wurde der Kampf gegen die Glaubensfeinde durch die Verbindung zwischen Jakobusstoffen und karolingischem Sagenzyklus.

Eines Nachts, so heißt es im Codex Calixtinus, erschien Jakobus dem Frankenkönig Karl dem Großen im Traum und trug ihm deutliche Worte auf: „Der Weg der Sterne, den du am Himmel gesehen hast, bedeutet, dass du von diesen Ländern mit deinem großen Heer bis Galicien ziehen musst, um die treulosen Heiden zu bekämpfen und den Weg zu mir und meinem Land zu befreien." Auf dem Feldzug nach Spanien bahnte sich das karolingische Heer „mit Äxten, Pickeln, Hacken und anderen Werkzeugen" den Weg über die Pyrenäen, wie der Codex Calixtinus Glauben macht, ehe Karl der Große auf einer Höhe „das Kreuz des Herrn errichtete, auf die Knie sank, in Richtung Galicien blickte und sein Gebet zu Ehren Gottes und des heiligen Jakobus erhob". Das legendäre Karlskreuz, das Forscher vergebens zu lokalisieren versucht haben, animierte später die Jakobspilger, kleine Kreuze zu hinterlassen. Diese Tradition hat sich bis heute erhalten; neben der Kapelle auf dem Pyrenäenpass Ibañeta wölbt sich ein winziger Kreuzehügel hervor.

Naturphänomene und Fantasie

Andernorts beflügelten Furcht einflößende Naturphänomene die Fantasie der Menschen. Donner und Blitz, Nebel, Hagel, ein glucksender Bach, Wetterleuchten. Kamen Nachtschatten, Käuzchenrufe aus einem finsteren Wald und Wolfsgeheul bei Vollmond hinzu, war der Weg nicht

Karl der Große war der Erste. In den Pyrenäen soll er im Gebiet des heutigen Ibañeta-Passes ein Kreuz hinterlassen haben. Auf diese Überlieferung gründet sich die bis heute andauernde Tradition, auf der Passhöhe kleine Holzkreuze niederzulegen.

Versteckt in einem Felsen, auf wundersame Weise wiederentdeckt – diese Legende rankt sich um die Madonna von Roncesvalles. Das Bildnis wird in der Stiftskirche des einstigen Augustinerklosters Roncesvalles verehrt.

weit bis zur geheimnisvollen Geschichte. Glaube und Aberglaube verzahnten und festigten sich in oralen Traditionen. Einsame Hirten standen in Dauerkontakt mit der Natur und waren – kein Zufall – häufig Urheber von Legenden. Aus der Pyrenäengegend um Roncesvalles ist die Geschichte des Schäfers Markerín überliefert, den eines Nachts ein Geräusch aus dem Schlaf schreckte. Es war ein Hirsch mit leuchtenden Geweihkronen, der neben einem Felsen scharrte, aus dem ein Lobgesang erklang. Panikartig ergriff Markerín die Flucht und erzählte die Begebenheit in den Dörfern weiter, bis sie dem Bischof der Stadt Pamplona zu Ohren kam. Auf Geheiß eines Engels machte sich der Gottesmann zu dem Felsen auf, wo er eine prächtige Entdeckung machte: die versteckte Skulptur einer Madonna, die noch heute in der Pilgerkirche von Roncesvalles verehrt wird. Ebenfalls in den Pyrenäen angesiedelt ist die Geschichte um einige Hirten und eine entlegene Waldkapelle, aus der mysteriöse Lichter drangen. Einige Nächte hintereinander beobachteten die Schäfer das Leuchten und machten sich dann, bewaffnet mit Stecken, auf, das Geheimnis zu ergründen. Größer als ihre Angst war die Neugier, die sie die Kapelle betreten und einen runzligen Buckligen entdecken ließ, der gerade die Messe vorbereitete. Er hatte sie erwartet. Die Hirten nahmen, wie von fremder Hand gelenkt, auf den Bänken Platz und lauschten des Alten Worten, die voller Weisheit und Ruhe in ihr tiefstes Innnerstes drangen. „Seid gesegnet für das, was ihr getan habt", sprach der verwachsene Greis zum Schluss. „Lange Jahre habe ich warten müssen und stets herbeigesehnt, meine letzte Messe vor gläubigen Christen zu halten." Dann löste er sich in Luft auf. In den Jahren darauf wurden den Hirten kräftige Lämmer geboren.

Marienlegenden

Folgt man den Überlieferungen, erschien einem anderen Hirten, Álvar Simón, die heilige Jungfrau im Jahre 1505 in der kastilischen Hochebene oberhalb von León. Beherzt ergriff Maria die Steinschleuder des Schafhüters und feuerte ein Steinchen ab. An selber Stelle kam ein gewaltiger Fels zum Vorschein. „Dies ist mein Zeichen", sprach die Gottesmutter, „auf dass mir zu Ehren hier eine Kapelle erbaut werde." Álvar lief hinab nach León und verständigte die Autoritäten, die den Wunsch Mariens mit einem Heiligtum am Jakobsweg erfüllten: dem Santuario Virgen del Camino, der „Jungfrau vom Wege".

Bei anderer Gelegenheit stand Maria einem Pilger bei, der in Sahagún, inmitten der Meseta, seine Energie schwinden sah und sein Vorhaben abbrechen wollte. „Bis zum Apostelgrab werde ich es niemals im Leben schaffen", dachte er. Plötzlich erblickte er eine wunderschöne Dame in Pilgerkluft, die ihn mit Zeichen aufforderte, ihm zu folgen. Er spürte neue, ungeahnte Kräfte. Immer wenn er glaubte, die von einem seltsamen Leuchten umgebene Frau fast eingeholt zu haben, verschwand sie – bis er wohlbehalten Santiago de Compostela erreichte. Volkes Mund gab der mysteriösen Gestalt den Namen Virgen Peregrina, „Jungfrau Pilgerin".

Schauplatz einer anderen Marienlegende war das Nordportal der Kathedrale von León, das im Spätmittelalter noch nicht vom Vorbau des Kreuzgangs verdeckt war und frei zur Straße hin zeigte. Auf einem Säulenkapitell in der Mitte thronte Maria mit dem Kinde, ein vortreffliches gotisches Bildhauerwerk, zu dessen Füßen sich immer öfter ein paar Taugenichtse einfanden. Vorbeiziehende Pilger vertrieben sie lautstark mit Kraftausdrücken, ausgiebig gaben sie sich dem Weintrunk und dem Würfelspiel hin. Man spielte häufig um Geld, Siege und Niederlagen hielten sich die Waage. Eines Tages wurde einer der Männer von einer Pechsträhne verfolgt. Jede verlorene Münze zog einen neuen Fluch nach sich und steigerte sein Misstrauen gegenüber den Kameraden. Ging es hier mit rechten Dingen zu? Als er sein letztes Geldstück verlor, ergriff er zornentbrannt die Würfel und warf sie mit aller Kraft gegen das Kirchenportal. Im selben Moment erklang ein Schmerzlaut. Erstaunt schauten sich alle um. Niemand war in der Nähe zu sehen. Dann deutete einer der

Dank ihres Einwirkens wurden vielerlei Pilger von ihren Leiden befreit. So zumindest will es der Legendenstoff um die Weiße Jungfrau von Villalcázar de Sirga. Am Südportal der Ortskirche Santa María la Blanca ist sie in Stein dargestellt. Daneben kniet König Alfons X. der Weise, der ihr im 13. Jahrhundert einige seiner Lobpreisgesänge widmete.

Tunichtgute sprachlos auf das Bildnis Mariens mit dem Kinde. Blut. Das Jesuskind blutete. In der Stirn klaffte eine kleine Wunde. Zu Tode erschrocken stürzten die Männer davon. Das Marienbildnis wurde als Virgen del Dado bekannt, „Jungfrau vom Würfel".

Heilige Helfer und ihre Mirakel

Im Reich der Legenden und Mythen nehmen Heilige besonderen Raum ein. Manche waren längst tot, als die Pilgerströme einsetzten und genossen als Märtyrer aus der Römerzeit eine besondere Verehrung. Andere erreichten im Laufe des Mittelalters mit dem Aufstieg des Jakobsweges Heiligenstatus, so wie San Lesmes in Burgos, der in der gleichnamigen Kirche am Camino de Santiago begraben liegt. Lesmes (1035–1097), ein Benediktiner, stammte aus dem französischen Landstrich Poitou, stand der Abtei von La Chaise-Dieu vor und wurde erst in späten Lebensjahren am spanischen Jakobsweg tätig.

In Burgos kümmerte sich Lesmes hingebungsvoll um die Pilger, versorgte sie im Spital des Klosters San Juan, spendete Trost und nahm zahlreiche Wunderheilungen vor. Ein Tropfen geweihtes Wasser reichte aus, um einen von Fieberschüben geschüttelten Priester zu heilen. Einmal gab er einer Frau, in deren Körper eine Schlange gekrochen schien, einen Schluck Weihwasser, worauf die Beschwerden verschwanden. Komplizierter gestaltete sich der Fall einer scheinbar verhexten Frau, die sich selbst in Ketten nicht über die Schwelle einer Kirche bringen ließ. Lesmes hatte den Satan persönlich im Verdacht und wusste, was zu tun war. Er suchte sie auf, schlug ein Kreuz und wies den Teufel im Namen des Vaters, des Sohnes und des Heiligen Geistes an, den Körper

Er vollbrachte zahlreiche Wunderheilungen und dank seines Eingreifens wurde Burgos von einer drohenden Überschwemmungskatastrophe verschont. Kein Wunder, dass San Lesmes (1035–1097) in Burgos hohe Verehrung genießt. Am Jakobsweg durch die Stadt ist ihm eine Kirche geweiht, in der er auch begraben liegt.

der Frau zu verlassen. Da sprang ein Männchen aus ihrem Mund hervor, wedelte mit einem roten Tuch und ließ die Besessene leblos zurück. Auf ein Segenszeichen des Lesmes erhob sich die Totgeglaubte und war endlich von dem bösen Zauber befreit. Zu Zeiten einer Dürre vollbrachte Lesmes das Mirakel der Brotvermehrung von Burgos, bei der sich der Korb ein ums andere Mal neu füllte. Damit nicht genug. Nach seinem irdischen Ableben bewirkte der Heilige weitere Wunder. Einmal erlangte eine Blinde, die am Grabmal des Heiligen betete, ihr Augenlicht zurück. Und ein gewisser Pelayo, der vor Schmerzen weder stehen noch gehen konnte und vor die Grabstätte getragen werden musste, gesundete im selben Augenblick.

Ein Zeitgenosse des Lesmes war der in der Rioja beheimatete Domingo de la Calzada (1019–1109), den der Codex Calixtinus im Kapitel „Leichname von Heiligen, die am Jakobsweg ruhen und von den Pilgern besucht werden müssen" gesondert hervorhob: „In Spanien muss man den Leib des Santo Domingo besuchen, ein Glaubenszeuge, der zwischen der Stadt Nájera und Redecilla del Camino ein Stück gepflasterter Straße schuf, an der er begraben liegt." Heute besucht man sein

Santo Domingo de la Calzada ist der Name eines historischen Pilgerstädtchens in der Rioja und eines Heiligen, den man dort überall dargestellt findet, hier in der örtlichen Herberge der Cofradía del Santo. In die Welt der Legenden hat er als stiller Held des Hühnermirakels Einzug gehalten, im wirklichen Leben baute er eine Flussbrücke über den Río Oja und erleichterte damit das Fortkommen der Pilger.

Mausoleum in der Kathedrale von Santo Domingo de la Calzada und nimmt die Fährte eines Mannes auf, der sich vom Schafhirten zum Eremiten wandelte und selbstlos in den Dienst der Pilger stellte. Tatkräftig schlug er Wegpassagen frei, spannte eine Brücke über den Río Oja und legte den Grundstein für ein Pilgerhospiz, in dem sich nunmehr Hotelgäste in erlesenem Ambiente betten. Der Herbergsbau ging mit einem ersten Wunder einher. Domingo, auf sich alleine gestellt, brauchte viel Holz und bat die nächstgelegenen Dörfler um Hilfe. Diese straften ihn mit Verachtung und gestatteten ihm einzig, soviel Holz zu schlagen, wie er mit seiner eigenen Axt schaffen könne. Da holte Domingo aus, fällte mit jedem Axtschlag einen Baum und schaffte die Stämme davon, als wären sie federleicht.

Zu posthumem Ruhm kam der Heilige durch das Hühnermirakel. In dem nach ihm benannten Städtchen Santo Domingo de la Calzada nahm eine Gasthausmagd einmal Rache an einem keuschen Pilgerburschen namens Hugonell, weil dieser ihr eindeutiges Fleischesangebot abgeschlagen hatte. Sie versteckte einen Silberbecher im Gepäck Hugonells, der sich nach der Nacht im Rasthaus am Morgen mit seinen Eltern auf den Aufbruch vorbereitete. Plötzlich sah er sich des Diebstahls bezichtigt und vor Gericht gestellt. Obgleich er seine Unschuld beteuerte, wurde Hugonell vom Landrichter zum Tod durch den Strang verurteilt. Dank des heiligen Domingo de la Calzada, der, für alle anderen unsichtbar, die Füße des Jungen mit seinen Schultern stützte, überlebte Hugonell am Galgen. Aufgebracht stürmten die Eltern zum Richter, der heimgekehrt war, um sich einer opulenten Mahlzeit zu widmen: einem Hahn und einem Huhn. „Euer Sohn ist so lebendig wie der Bratschmaus vor mir!“, stieß er höhnisch hervor, nachdem er die Geschichte gehört hatte. Da wuchsen den gebratenen Tieren Flügel. Sie erhoben sich und flogen vom Tisch, die Unschuld des Pilgers war bewiesen. Der Hühnerstall in der Kathedrale von Santo Domingo de la Calzada bewahrt das Gedenken an jenes Wunder. Hinter Glas leben eine weiße Henne und ein weißer Hahn, dem in den heiligen Hallen nichts heilig ist. Gelegentlich erschallt ein ohrenbetäubendes Kikeriki.

Eine seltsame Grotte ist im Kloster Santa María von Nájera noch heute vom Hinterbereich der Kirche aus zugänglich. Dort fand König García im Mittelalter ein Bildnis Mariens. Die Grotte ist der Keim des Klosters, das der Monarch an selber Stelle begründete.

Auf Spurensuche

Legendenmotive und fassbare Zeugnisse greifen oft ineinander, was dem Jakobsweg Zusatzreize verleiht. Im riojanischen Nájera betritt man im Monasterio Santa María la Real ab der Kirche jene Sandsteingrotte, in der König García im 11. Jahrhundert ein Marienbildnis fand und Maria zu Ehren das Kloster begründete. Eigentlich war der Monarch auf der Suche nach seinem Falken gewesen, der Jagd auf ein Rebhuhn gemacht hatte. Neben der Madonnenskulptur fand er beide Vögel friedlich vereint. In Puente la Reina, dem Schnittpunkt von Aragonesischem und Französischem Weg, begibt man sich gleich in zwei Kirchen auf die Spuren von Legenden. In der Iglesia del Crucifijo hängt das sagenumwobene Christuskreuz, das Pilger aus dem Rheinland im 14. Jahrhundert auf Schultern hierher geschafft haben sollen. Wenige Gehminuten entfernt liegt die Iglesia de

Santiago, die das Bildnis des „Schwarzen Jakobus" bewahrt, so genannt, weil es ein Bauer einst in einem Erdversteck entdeckte.

Im Kloster San Salvador de Leyre erinnert das Bildnis des Abtes Virila im San-Virila-Tunnel an eine merkwürdige Überlieferung. Virila, so heißt es, brach eines Tages in die benachbarte Bergwelt der Sierra de Leyre auf und hing in Gedanken dem Mysterium der Ewigkeit nach. Unterwegs fühlte er sich von den Melodien einer Nachtigall so sehr verzaubert, dass er ihr folgte, sich an einer Quelle niederließ und in einen tiefen Schlaf fiel. Als er aufwachte, bahnte er sich durch dichtes Gesträuch den Weg zurück zum Kloster, wo ihn niemand mehr erkannte. Kein Wunder, denn dreihundert Jahre waren vergangen. Wer sich heute ab dem Kloster auf Spurensuche begibt und zur beschilderten Virila-Quelle aufbricht, sollte Vorsicht bei Vogelstimmen und einsetzender Müdigkeit walten lassen …

Im Vergleich zu Kirchen und Klöstern sind Burgen als Schauplätze der Legenden und Geschichten vom Jakobsweg selten vertreten. Zu den Ausnahmen zählt die Bergfestung von Villamayor de Monjardín in Navarra, Fundort eines rätselhaften Kreuzes, unter dessen Schutz Navarras König

Wenn Steine reden könnten, hätte die Festung von Castrojeriz viel zu berichten. Ob von Kämpfen zwischen Christen und Mauren oder vom mysteriösen Mord an Leonor de Castilla im 14. Jahrhundert.

Sancho Garcés die feindlichen Mauren besiegte. Um das Kastell von Castrojeriz, das unverändert dieses Pilgerstädtchen zwischen Burgos und Frómista beherrscht, rankt sich das Schicksal der Leonor de Castilla, die auf Befehl ihres Neffen Pedro el Cruel – Peter der Grausame – in den Mauern eingesperrt und aus dem Weg geschafft worden sein soll.

Der Zauber der Stoffe

Ob sich das Hühnerwunder so und nicht anders abgespielt haben mag? Ob der heilige Apostel Jakobus überhaupt in Santiago de Compostela begraben liegt? Zweifler melden Bedenken an, Gläubige nicht. Fest steht, dass der Mythos Jakobsweg auf jahrhundertelang tradierten Legenden und Geschichten fußt, deren Faszination die Pilger aus aller Welt bis heute in ihren Bann zieht. Allzu nüchtern und wissenschaftlich möge niemand die Stoffe betrachten – sonst verlieren sie ihren Zauber.

Seite 22/23:
Der Pórtico de la Gloria in der Kathedrale von Santiago de Compostela gilt als Wunderwerk des Meisters Mateo. Ergeben blicken Pilger zur sitzenden Skulptur des Jakobus am Mittelpfeiler auf. Darüber im Tympanon sind unter anderem die vierundzwanzig Ältesten mit Musikinstrumenten in Händen zu sehen. Diese Männer lassen an eine Textstelle in der Apokalypse des Johannes denken: „Und rings um den Thron sah ich vierundzwanzig Throne und auf den Thronen sitzend vierundzwanzig Älteste; die waren in weiße Gewänder gehüllt und hatten auf ihren Häuptern goldene Kränze."

Im Zeichen des Kreuzes empfängt er seine Ankömmlinge: Jakobus, als vorbildhafter Pilger dargestellt im Mittelbogen des Hauptportals der Kathedrale von Santiago de Compostela.

Heute sind sie nicht mehr vom Einsturz bedroht, die Stadtmauern von Pamplona (oben) mit ihrer Zugbrücke (rechts). Als Karl der Große bei seinem sagenumwobenen Spanien-Feldzug 778 hier auftauchte und die Stadt in Händen der Muselmanen vorfand, fielen die Steinmassen nach langer Belagerung wie von Wunderhand in sich zusammen. Dahinter steckte der heilige Jakobus, der Karl dem Großen auf diese Weise half und ihn siegreich einziehen ließ. So zumindest will es die Legende.

Jakobus als Fenstermotiv in Kirchen, Jakobus in Holz, Jakobus in Stein. Der Apostel ist auf dem Jakobsweg steter Begleiter, wie hier bei Navarrete (oberes Bild). In der dortigen Gegend spielte sich eine Episode aus dem karolingischen Zyklus ab: der unnachgiebige Kampf zwischen dem Ritter Roland und dem Riesen Ferragut. Einen friedlicheren Eindruck macht dieser Jakobus in einer Seitenkapelle der Klosterkirche von Roncesvalles (unteres Bild links). Der sogenannte „Schwarze Jakobus" thront auf einem Sockel in der Iglesia de Santiago in Puente la Reina (unteres Bild rechts). Der ungewöhnliche Name rührt daher, dass man die Skulptur einst aus Furcht vor den feindlichen Mauren im Erdreich verscharrte und erst nach langer Zeit arg verdreckt wiederfand.

Oben:
Legendär war die Erscheinung des heiligen Apostels bei der Schlacht von Clavijo in der Rioja. Dort trat Jakobus als „Maurentöter“ (Matamoros) in Aktion, hier dargestellt in der Jakobuskirche in Villadangos del Páramo. Das Örtchen liegt an der Strecke von León nach Astorga.

Rechts:
Reliefs in der Jakobuskirche in Logroño geben Szenen der Jakobuslegende wider. Nach der Bekehrung des Zauberers Hermogenes bekehrte der Heilige kurz vor seinem Martyrium auch den Schriftgelehrten Josias, der eigentlich damit beauftragt war, Jakobus an einem Seil zur Richtstätte zu führen.

Oben:
In der Jakobuskirche von Villadangos del Páramo geht es auf den Relieftafeln äußerst kriegerisch zu. Bei der Schlacht von Clavijo spornte „Maurentöter“ Jakobus die christlichen Truppen zum Sieg an.

Links:
Das Retabel der Jakobuskirche in Logroño wird von Darstellungen der Jakobuslegende dominiert. Der Eingang zu der wuchtigen, einschiffigen Kirche liegt am Jakobsweg durch die Altstadt.

Der wunderhafte Apostel

Unermüdlich verkündete er das Wort Gottes, er trieb die Christentruppen zum Sieg über die Sarazenen – in Spaniens reichem Legendenschatz ist Jakobus als Lebender und Toter allgegenwärtig. Die Überlieferungen berichten von seiner Mission auf der Iberischen Halbinsel, die Jahre in Anspruch nahm und ernüchternd verlief. Nur wenige Gläubige fanden den Weg zu ihm, so dass er selbst des Beistands bedurfte. Niemand anders als Maria sprach dem Apostel persönlich Trost und Mut zu. In Saragossa schwebte sie, von Engeln getragen, auf einer Wolke heran und erschien ihm als Virgen del Pilar, „Jungfrau von der Säule". Im Nordwesten Galiciens traf sie auf einem Steinboot ein und fand die richtigen Worte – daran erinnert bis heute das bei Muxía gelegene Heiligtum Virxe da Barca, „Jungfrau vom Boot".

Zurückgekehrt nach Judäa, schlugen Jakobus heftige Proteste entgegen, die in einem Volksaufstand gipfelten und Herodes Agrippa I. veranlassten, den Apostel zu enthaupten. Nach dem Martyrium führte die letzte Reise des Jakobus über das Meer zurück nach Spanien, begleitet von zwei treuen Schülern, Athanasius und Theodorus. Das Schiff, so heißt es, wurde vom Engel des Herrn gelenkt und fuhr gegen Ende der Passage in einen Meeresarm Galiciens ein. Theodorus und Athanasius bemerkten eine Hochzeitsgesellschaft am Ufer. Plötzlich scheute das Pferd des Bräutigams, stürzte ins Meer und ging

Rechts:
Es begab sich an einem kalten Wintertag des Jahres 40 in Saragossa. Bedrückt und müde hing Jakobus seiner Verkündigungsmission nach, als ihn unvermittelt ein leuchtender Strahlenkranz aus der Versunkenheit riss. Die heilige Jungfrau Maria schwebte mit Hilfe von Engeln heran, nahm auf einer Säule Platz und sprach ihm Mut zu. Die Episode um die Säulenjungfrau findet sich hier in der Kathedrale von Burgos dargestellt.

Ganz rechts:
Ein Vorbild, ein Ansporn: Jakobus, gleichsam unterwegs zu seinem eigenen Grab, als Pilgerskulptur. Dieses Bildnis ist im Altarbereich der Kirche San Martín in Frómista zu sehen.

in den Fluten unter. Als jedermann sie für tot hielt, tauchten Ross und Reiter wohlbehalten auf, über und über mit Jakobsmuscheln bedeckt. Auf das Muschelmirakel folgte alsbald die Ankunft des Bootes im Örtchen Iria Flavia, wo die Jünger ihren Herrn von Bord nahmen und auf einen Fels betteten, der sich wie Wachs um den Körper formte.

Mittelalterliche Legenden berichten, dass seinerzeit die böse Königin Lupa in Galicien regierte und Jakobus mit hinterhältigen Manövern einen Grabplatz verweigerte. Dank göttlicher Hilfe und Fügung gelang es Theodorus und Athanasius, den unversehrt gebliebenen Leichnam auf einen Ochsenkarren zu laden. Als das Gefährt in einem einsamen Waldstück zum Stehen kam, wussten sie, dass dort der vorbestimmte Platz für die letzte Ruhe des Apostels lag. Knapp acht Jahrhunderte später machte Eremit Pelagius am Firmament ein ominöses Sternleuchten aus – ein deutlicher Bezug zum Stern von Bethlehem, der einst den heiligen Drei Königen den rechten Weg gewiesen hatte. Der glitzernde Schein zeigte die vergessene Grabstätte des Jakobus an.

Strahlenden Lichtglanz umgab den Apostel auch, als er kurz darauf in der Schlacht von Clavijo den christlichen Streitern mit Pferd und Schwert erschien und als Matamoros, „Maurentöter", zu Hilfe eilte. Obgleich in vielerlei Kirchen auf Skulpturen und Reliefs mit abgeschlagenen Mohrenköpfen blutig dargestellt, sehen ihn manche Spanier lieber symbolisch als tapferen Ritter. Ebenso häufig stand Jakobus in der Vorbildfunktion des Retters, der Gefangenen in muselmanischer Haft die Ketten löste und Pilger auf dem Weg zu seinem Grab dem Satan entriss.

Unten links:
„Und sie legten ihn auf einen Ochsenkarren ..." So will es die Überlieferung rund um Jakobus' treue Schüler, die ihren Herrn über das Meer nach Galicien gebracht hatten. Das letzte Wegstück zu seiner kommenden Grabstätte in Santiago de Compostela wurde per Karren zurückgelegt.

Unten:
Hoch zu Ross als grausamer Schlächter: Jakobus als „Maurentöter" in der Kathedrale von Burgos. Im wahren mittelalterlichen Leben war der Heilige Patron der Reconquista im Kampf gegen die Mauren und wurde auf diese Art machtpolitisch missbraucht.

Hier, in der Nähe der riojanischen Felsenburg von Clavijo, soll sie sich Mitte des 9. Jahrhunderts abgespielt haben: die legendäre Schlacht von Clavijo (oben). Plötzlich füllte sich der Himmel mit gleißendem Licht. Mitten heraus preschte Jakobus auf einem Schimmel, ein hoch erhobenes Schwert in Händen. So muss man sich die Legende um den „Maurentöter" und die Schlacht von Clavijo vorstellen, anschaulich vor Augen geführt an der Fassade der Jakobuskirche in Logroño (rechts).

Der „Maurentöter“ ist häufig unfreiwilliger Begleiter in Galicien: ob auf dem höchsten Punkt des galicischen Regierungssitzes Pazo de Raxoi (oberes Bild) in Santiago de Compostela, in der dortigen Kathedrale (unteres Bild links) oder in der Jakobuskirche in Padrón (unteres Bild rechts). Kritische Stimmen unter den Jakobusforschern lassen keinen Zweifel daran, dass die Schlacht von Clavijo im Mittelalter eine Erfindung des compostelanischen Klerus war. Statt des blutrünstigen Beinamens „Maurentöter“ sehen ihn manche Spanier lieber als „Ritter“, doch das ändert nichts an der grausamen Tendenz des Schlächters von Glaubensfeinden.

Kleine Bilder links:
Die Überlieferungen sehen Jakobus jahrelang predigend durch Spanien ziehen, doch größere Zuströme blieben aus. Manchmal hielt der Apostel verzweifelt inne und gönnte sich eine Rast. Im Kathedralmuseum von Santiago de Compostela zeigt ihn eine Relieftafel bei einer Predigt (oben), eine andere Reliefreihe im Museum hat weitere Szenen aus seinem Leben und Wirken zum Thema (Mitte). Dargestellt ist dort auf der linken Tafel auch die Überführung auf dem Engelsschiff, ebenso wie in der Jakobuskirche in Padrón (unten). Dank göttlicher Hilfe trotzte das Boot jedweden Gefahren.

Oben:
Drehen wir die Uhr gut 2000 Jahre zurück. Dort, wo sich nunmehr der Prachtbau der Kathedrale von Santiago de Compostela erhebt, lag einst ein einsamer Wald. In diesem fand Jakobus seine letzte Ruhe.

Unten:
In heiligen Jakobusjahren – immer, wenn der Jakobustag, der 25. Juli, auf einen Sonntag fällt – ist dieser Durchgang in der Kathedrale von Santiago de Compostela geöffnet. Es ist die Puerta Santa, die „Heilige Pforte".

Ganz unten:
Mysteriöse Sternenlichter führten im 9. Jahrhundert zur Wiederentdeckung des Apostelgrabes. Über dem Sarkophag des Heiligen in der Kathedrale von Santiago de Compostela hängt deshalb ein Sternsymbol.

Unten:
Das Sehnsuchtsziel Santiago de Compostela ist erreicht. Mit einem milden, gütigen Blick empfängt die Jakobusskulptur alle Eintreffenden im Pórtico de la Gloria der Kathedrale.

Rechts:
Jakobus, die Lichtgestalt – in der Kathedrale von Santiago de Compostela überall präsent. Legenden aus dem Mittelalter berichten, dass er Pilgern in den heiligen Hallen persönlich erschienen sein soll.

Rechts unten:
Einen seltsamen Stein bewahrt der Altarraum der Jakobuskirche in Padrón. Hier soll das Engelsschiff mit dem Leichnam des Heiligen erstmals in Galicien festgemacht haben.

Kirchen und Klöster

Um das in Navarra gelegene Kloster von Leyre rankt sich die Überlieferung um Abt Virila, der eines Tages in die Berge aufbrach, vom Gesang einer Nachtigall bezaubert wurde und in tiefen Schlaf versank. Erst 300 Jahre später trat er den Rückmarsch zum Kloster an. Dort erkannte ihn allerdings niemand mehr …

Linke Seite:
Stille Erhabenheit strahlen die romanischen Kirchen und Klöster aus. Besonders schön und am Aragonesischen Jakobsweg hinter Jaca einen kurzen Abstecher wert: Santa Cruz de la Serós.

Das einstige Kloster San Juan de la Peña, das sich in Aragonien mit seinem offenen Kreuzgang unter eine Felswand duckt, steht mit dem Gralsmythos im Bunde. Lange Zeit soll hier der Kelch des Letzten Abendmahls aufbewahrt worden sein. Heute nimmt in Spanien die Kathedrale von Valencia für sich in Anspruch, den Kelch zu besitzen.

Unten:
Im Komplex des einstigen Augustinerklosters von Roncesvalles – im Bild der Turm der Klosterkirche – halten sich Legende und Geschichte lebendig. In den Tiefen der Kapelle Sancti Spiritus sollen sich die Reste des legendären Streiters Roland befinden, der 778 bei der Schlacht von Roncesvalles zu Tode kam.

Rechts:
Das nahe dem Pilgerstädtchen Estella gelegene Kloster Santa María de Iranzu war nach den Zeiten der Säkularisation im 19. Jahrhundert der bevorzugte Platz eines umnachteten Organisten. Immer wieder kehrte er in die einsame, leerstehende Anlage zurück und spielte die Orgel in der Kirche – bis er vollends den Verstand verlor. So sagt es die Legende.

Oben:
Plötzlich lösten sich wie von Wunderhand die Ketten von seinen aufgeschundenen Knöcheln ... Im Kreuzgang der Kathedrale von Pamplona soll im Mittelalter ein reumütiger Spielmann, der auf Bußwallfahrt nach Santiago de Compostela gezogen war, von seiner Strafe erlöst worden sein.

Links:
Mystisch umhaucht erhebt sich das romanische Kirchlein Santa María de Eunate am Ende des Aragonesischen Weges. Manche Forscher gehen von einer Gründung durch die Tempelritter aus und bringen das Kirchlein in Verbindung mit hier abgehaltenen Initiationsriten.

Unten:
Im dämmrigen Innern des Kirchleins Santa María de Eunate verehren die Gläubigen ein Bildnis der heiligen Maria von Eunate.

Oben:
Eine Legende berichtet von einem Bildhauer, der im Auftrag der Templer am Hauptportal arbeitete. Als er eines Tages abreiste und nicht zurückkam, beauftragten die Mönche einen anderen Meister geringeren Ansehens. Dieser vollendete das Portal in drei Tagen.

Bilder linke Seite:
Das im Mittelalter angesiedelte Grottenwunder bewirkte den Ursprung des Klosters Santa María in Nájera, wo später im 16. Jahrhundert der filigrane Kreuzgang der Ritter entstand und bis heute Schattenspiele auf den Boden zaubert. König García, so sagt man, ließ eines Tages seinen Jagdfalken in Aussicht auf einen raschen Fang auf ein Rebhuhn los. Als beide Vögel verschwanden, machte er sich auf die Suche und ging in einem Wald einem Lichtschein nach. Dort entdeckte er eine Höhle mit einem Marienbildnis, ihr zu Füßen den Falken und das Rebhuhn friedlich vereint. Dieses Ereignis ließ den Monarchen an selber Stelle das Kloster gründen.

Links:
Die Kathedrale von Santo Domingo de la Calzada bewahrt das Angedenken des Eremiten Domingo de la Calzada (1019–1109), der die Strapazen der Pilger linderte. Als der Einsiedler eine erste Pilgerherberge bauen wollte, bat er die nächsten Dörfler vergebens um Mithilfe. Diese machten sich lustig, gestatteten ihm jedoch, soviel Holz zu schlagen, wie er mit seiner eigenen Axt schaffte. Da fällte der Heilige mit jedem Axtschlag einen ganzen Baum…

Himmelsstürmend steigt die Hauptfassade der Kathedrale Santa María in Burgos auf (rechts). Meister aus Deutschland und Frankreich halfen mit, dieses gotische Wunderwerk zu erbauen. Eine majestätische Aura umgibt die Kathedrale mit all ihren Fenstern, Rosen und der gewaltigen Vierungskuppel (Bilder oben). Unter deren Lichteinfall liegt Nationalheld El Cid begraben.

In der Kathedrale von Burgos wirkt die von einem Kuppelstern überspannte Kapelle der Kronfeldherrn wie eine Kirche in der Kirche (Bild oben links). In der Kathedrale von León, einem weiteren gotischen Prachtbau (Bild links), flutet das Licht durch 1800 Quadratmeter Buntglasfenster (Bild oben rechts). Zu dieser Kathedrale gibt es die Legende von einem umtriebigen Maulwurf, der zu Beginn der Bauzeit die Fundamente untergrub. Ob Absicht oder Zufall, ist nicht überliefert…

Barbusige Nereiden – halb Frauen, halb Meeresgeschöpfe – zieren einen Brunnen im klösterlichen Kreuzgang von Samos. Eine Legende berichtet, dass sich die Benediktiner von Samos einmal daran begaben, den Brunnen abzubauen, doch die Nereiden ließen sich nicht von der Stelle bewegen.

Zur Kirche von O Cebreiro brach eines Tages ein Bauer bei Wind und Wetter auf. Bei der Messe wurde er Zeuge des eucharistischen Wunders, als sich der Wein in Blut und die Hostie in Fleisch verwandelte.

Der Pferdebrunnen vor der Südfassade der Kathedrale von Santiago de Compostela inspirierte den Dichter Federico García Lorca (1898–1936) zu seinem träumerischen Gedicht „Danza da lúa en Santiago“.

Helden und Heilige

Das Kloster Santo Domingo de Silos ist nach jenem gleichnamigen Abt (1000–1073) benannt, der persönlich beim Bau des Kreuzgangs mithalf und zu Lebzeiten den Ruf eines Wundertätigen besaß. In maurischen Gefängnissen vertrauten sich ihm viele Gläubige an – und wie von Geisterhand öffneten sich die Tore in die Freiheit.

Auf dem Terrain des späteren Jakobsweges soll sich 778 bei der Schlacht von Roncesvalles der Boden mit Blut getränkt haben. Dort geriet die Nachhut Karls des Großen, angeführt von Roland, in einen Hinterhalt der Mauren. Roland kämpfte tapfer bis zum Tod; das Rolandsdenkmal auf der Passhöhe von Ibañeta erinnert an die Begebnisse (oben). In einer weiteren Episode aus dem karolingischen Zyklus kämpft Roland gegen Ferragut, hier dargestellt auf einem Kapitell des romanischen Königspalastes in Estella (rechts).

Die romanische Krypta des Klosters von Leyre (unten) besitzt einen einzigartigen lokalen Stil und wurde 1057 geweiht. An die Krypta schließt sich der Virila-Tunnel (ganz links) an, der an den Abt Virila erinnert. Dieser blieb jahrhundertelang im Gebirge verschollen und kehrte schließlich unversehrt zurück. In der Klosterkirche von Leyre führt ein Zugang in die Kapelle Nunilo und Alodia (links). Gegenüber den maurischen Herrschern bekannten sich die beiden Schwestern unumstößlich zum Christenglauben und wurden deshalb Mitte des 9. Jahrhunderts enthauptet.

Links:
Ein Schlenker auf dem Aragonesischen Weg führt zur Felsenburg von Javier, Geburtsstätte des Jesuiten Franz Xaver (1506–1552).

Oben:
In den Mauern der Burg von Javier zog es den Heiligen – auf dem Bild als vorübergehend in der Kathedrale von Pamplona ausgestellte Büste zu sehen – immer wieder in die Kapelle mit ihrem lächelnden Christus. Als Franz Xaver auf seiner Mission in Asien starb, schwitzte das Christusbildnis Blut.

Oben:
Es war einmal ein Mann, Guillermo, der seine Schwester Felicia im Affekt tötete. Zur Besinnung gekommen, bereute er seine Tat und erlegte sich bis zum eigenen Lebensende als Buße auf, die Jakobspilger in der bei Puente la Reina gelegenen Einsiedelei von Arnotegui zu versorgen.

Rechts:
Im Kloster Irache bei Estella wirkte im Mittelalter Abt Veremundo, der als historische Persönlichkeit verbürgt ist. Er steht im Mittelpunkt vieler Wundergeschichten und soll Wahnbefallenen den Teufel aus dem Leib getrieben haben.

Links:
In der Klosterkirche von Irache genießt Abt Veremundo unverändert große Verehrung. Gerne erinnert man sich an die überlieferte Episode einiger Diebe, die Veremundo auf frischer Tat wie Säulen erstarren ließ. Keinen Millimeter konnten sie sich mehr vom Fleck bewegen. Tags darauf vergab Veremundo ihnen die Sünde.

Gemarterte Heilige

Heiden, so sagt man, banden ihn an wilde Stiere und ließen ihm nicht den Hauch einer Chance. Die Tiere schleiften seinen Körper vom höchsten Punkt der Festung von Toulouse hinab. Die Tortur zertrümmerte seinen Schädel, aus dem aufgerissenen Bauch quollen die Eingeweide. Die Legende spart keine Grausamkeit des von den Römern gemarterten Sernin aus, der aus Frankreich stammte und am Pilgerweg durch Pamplona als Stadtpatron San Saturnino in seiner gleichnamigen Kirche Ehrfurcht genießt. Auf seiner Mission durch Spanien taufte Sernin in Pamplona einen gewissen Fermín, dessen Reliquien die Pilger am dortigen Altstadtrand in der Iglesia de San Lorenzo verehren.

In jungen Jahren erwachte in Fermín der Wunsch, sich in die christliche Lehre zu vertiefen. In Toulouse empfing er die Priesterweihe, kehrte nach Spanien zurück und setzte seinen missionarischen Eifer erneut in der Ferne fort. Im Norden Frankreichs fand er große Anhängerschaft und wurde Bischof von Amiens, doch den Autoritäten blieb er ein Dorn im Auge. Als ihm ein Suchbefehl zu Ohren kam, stellte er sich freiwillig. Die Anklage lautete auf Staatsfeindschaft, ein Vergehen, auf das der Tod stand. Unerschrocken sah Fermín seinem Opfer im Dienste des Glaubens entgegen und zeigte keine Regung, als ihm die Handlanger des Gesetzes den Bauch aufschlitzten und die Kehle durchtrennten. In Erinnerung an die qualvollen Schnitte legt man bei seinem Stadtfest in Pamplona eine rote Schärpe um den Leib und ein rotes Tuch um den Hals.

Nach dem Martyrium des heiligen Fermín verscharrte man seine Reste, die Gläubige Jahrhunderte später auf wundersame Weise wiederentdeckten. Im selben Moment sprossen aus den Pflanzen Blätter und Knospen hervor. An den Heiligen erinnert ein Glasfenster in der Klosterkirche von Roncesvalles.

Wer als Pilger während der Fiesta de San Fermín im Sommer die Stadt durchstreift, erlebt ein promilledurchtränktes Tollhaus mit den weltberühmten Stierrennen durch die Gassen. Ein Teilstück der Stierlaufstrecke deckt sich mit dem Jakobsweg. Vorsicht, Horngefahr! Zumindest zwischen dem 7. und 14. Juli täglich ab acht Uhr morgens ...

Heilige und ihre beispielhaften Martyrien sind gleichermaßen aus den Zeiten der Reconquista überliefert. Am Aragonesischen Weg traf es im Frühmittelalter die junge Orosia, die aus Frankreich zu ihrem versprochenen Bräutigam über die Pyrenäen zog. Ihr kleines Gefolge war machtlos, als sie in einen Hinterhalt der Glaubensfeinde gerieten: Muselmanen! Ihr Anführer warf sogleich ein Auge auf die Gefangene und bot ihr alle Annehmlichkeiten an, aber die fromme Orosia blieb standhaft und unterstrich ihre Liebe zu Gott; sie wurde enthauptet. Am Jakobsweg durch Jaca bewahrt die Kathedrale ihren Reliquienschrein.

Ähnlich unbeugsam gab sich das Schwesternpaar Nunilo und Alodia, das dem Liebesbund zwischen einer Christin und einem mohammedanischen Händler entsprungen war. Heimlich erlernten sie die christlichen Werte und gelangten nach dem Tod ihrer Mutter in die Obhut eines maurischen Onkels, der ihnen bald auf die Schliche kam und vor den Kadi brachte. Statt zum Islam bekannten sie sich unumstößlich zum Christenglauben. In der Stunde ihres Todes ging Santa Nunilo ihrer Schwester voran. Das Retabel der Kapelle der Klosterkirche von San Salvador de Leyre zeigt die Martyriumsszene.

Es nahm ein blutiges Ende mit den Schwestern Nunilo und Alodia. Weil sie an ihrem Christenglauben festhielten, wurden sie Mitte des 9. Jahrhunderts von den Mauren enthauptet. Eine Kapelle der Klosterkirche von Leyre ist den beiden Märtyrerinnen geweiht.

Seite 62/63:
Im riojanischen San Millán de la Cogolla hält sich der Geist des gleichnamigen Heiligen lebendig, der 574 im stolzen Alter von 101 Jahren verstorben sein soll. Das Kloster von Yuso bewahrt die Reliquien jenes Millán de la Cogolla, der sich nicht einzig durch hohen Intellekt und Weitsicht auszeichnete. Er verstand sich auch darauf, Besessenen den Teufel auszutreiben ...

Santo Domingo de la Calzada ist untrennbar verbunden mit der Gestalt des Einsiedlers Domingo de la Calzada. In der Kathedrale macht man Bekanntschaft mit dem dort bestatteten Heiligen (rechts) und Szenen aus seinem Leben an der Außenwand des Chors (ganz rechts). Internationale Berühmtheit hat das Hühnermirakel erlangt, bei dem ein unschuldig erhängter Pilger dank Domingo auf wundersame Weise am Leben blieb. Dies wollte der Landrichter nicht glauben und stieß höhnisch hervor, dass der Erhängte so lebendig sei wie der gebratene Hahn und die gebratene Henne vor ihm auf dem Tisch. Im selben Moment kehrte Leben zurück in die Tiere (unteres Bild, Darstellung aus der Kathedrale).

Rechte Seite:
Totenschädel in einem Kapellenschrein der Kathedrale von Santo Domingo de la Calzada. Es ist der Rest des heiligen Jerónimo Hermosilla (1800–1861), der aus Santo Domingo de la Calzada stammte und im Dienste des christlichen Glaubens als Märtyrer in Vietnam endete. Dies ist leider keine Legende ...

San Juan de Ortega ist Pilgerstation auf dem Weg nach Burgos (oben). In der Klosterkirche liegt der heilige Juan de Ortega (1080–1163) begraben (rechts), zu Lebzeiten Pilgern ein tatkräftiger Helfer. Nach seinem irdischen Ableben bewirkte er viele Wunder und wirkte als Patron gegen Unfruchtbarkeit. Auch Kastiliens Königin Isabella die Katholische bat ihn erfolgreich um Beistand.

Burgos steht im Zeichen des legendären Nationalhelden El Cid. Auf dem Theatervorplatz sieht man ihn hoch und stolz zu Ross (links). Begraben liegt er an der Seite seiner Gemahlin Jimena in der Kathedrale von Burgos (links unten). Zu den Beständen des Kathedralmuseums gehört die kuriose Truhe des Cid, die er laut Legende einst mit Steinen und Sand füllte, um sich eine Anleihe zu erschleichen.

Der heilige Lesmes ist in Burgos in der Iglesia de San Lesmes bestattet. Der Stadtpatron schenkte Blinden das Augenlicht und Ertaubten ihr Gehör zurück (unten).

Linke Seite:
Der außerhalb Spaniens weniger bekannte San Zoilo genießt in Carrión de los Condes Verehrung. Das Kloster am Stadtrand ist nach ihm benannt, nach hier wurden seine Gebeine überführt. Eine besondere Stimmung strahlt der Kreuzgang aus.

Bauliche Besonderheiten in Sahagún sind die Backsteinkirchen. In dem heute ansonsten wenig bedeutungsvollen Städtchen wurde im Spätmittelalter der heilige Juan de Sahagún geboren. Zu seinen Wundertaten zählten die Rettung eines in einen Brunnen gefallenen Kindes und die Zähmung eines wilden Stiers.

San Zoilo, dem das gleichnamige Kloster in Carrión de los Condes geweiht ist, war ein Märtyrer aus frühchristlicher Zeit. Er stammte aus Córdoba und wurde im Jahre 303 gemeinsam mit über 20 Glaubensgenossen gemartert.

Mysteriöse Funde

Einsam trieb die Kiste durch den Golf von Biskaya und hob und senkte sich in den Wogen. Der wachhabende Matrose jenes Schiffes, das einen frommen Kaufmann aus Burgos von Flandern zurück an die Küste Nordspaniens brachte, sah sie als Erster. Mit vereinten Kräften schaffte man den merkwürdigen Kasten, der mehr einem Sarg als einer verlorenen Transportkiste glich, an Bord. Ganz wohl war den Männern nicht dabei. Als der Zimmermann den Deckel öffnete, fuhren sie vor Schreck zusammen. Im Innern lag eine übermannshohe Skulptur des Gekreuzigten, die nicht den geringsten Schaden genommen hatte. Der Mund stand offen und gab den Blick auf die Zahnreihen frei, der ausgemergelte Körper war mit Fleischwunden übersät. Aus den Zügen Christi sprach tiefster Schmerz, Erschöpfung. Das polychromierte Bildnis – auf seinem Holzkern mit Rindshaut überzogen und mit Menschenhaar versehen – wirkte wie ein lebensechter Leichnam und ließ die Männer erschaudern. Einige sprachen leise ein Gebet. Der Kaufmann schlug vor, den Fund in seine Heimat an den Jakobsweg zu bringen und den Augustinern zum Geschenk zu machen. Jedermann willigte ein.

In Burgos bekam die Figur einen Platz im Convento de San Agustín, doch es dauerte nicht lange, bis der Bischof einen würdigeren Hort für den Gottessohn reklamierte. Feierlich überführte

Rechts:
Am Golf von Biskaya läuft der Küsten-Jakobsweg in Richtung Santiago de Compostela vorbei. Aus der Gegend sind einige Legenden überliefert, darunter jene von zwei Flößern, die hinter der Mündung des Río Deba einmal stromaufwärts stakten und eine hübsche Frau mitnahmen. Nach einiger Zeit blickten sie in das Gesicht einer runzligen Alten …

Ganz rechts:
Es trug sich im Golf von Biskaya zu, dass eine Kiste über die See trieb und von einem Schiff aufgenommen wurde. Im Innern lag ein Christusbildnis, das man in die Jakobswegstadt Burgos brachte. Dort wird es heute in der zur Kathedrale gehörigen Capilla del Santísimo Cristo verehrt.

man ihn in die Kathedrale. Tags darauf öffneten sich wie von Wunderhand die Portale – und der Gekreuzigte kehrte von selbst zu den Augustinern zurück. Fortan hütete man sich, ihn anzurühren. Erst seit den Wirren der Säkularisation im 19. Jahrhundert nimmt das Bildnis einen Ehrenplatz in der Kathedrale ein: in der Kapelle Santísimo Cristo de Burgos, „Allerheiligster Christus von Burgos".

Ein ähnlich seltsames Ereignis auf dem Atlantik spielte sich an der galicischen Küste des Kaps Finisterre ab, dem „Ende der Welt", an das manche Jakobspilger ab Santiago de Compostela zusätzlich aufbrechen. Eines Tages trieb ein Sturm ein Schiff auf die Küste zu. Man sah, wie ein Behältnis ins Wasser gelassen wurde. Dann drehte der Segler ab. Einige Fischer bargen eine Kiste, in der ein unversehrtes Bildnis lag, das den Namen „Heiliger Christus von Finisterre" erhielt und zu Beginn des Kapaufstiegs in der Kirche Santa María das Áreas Verehrung genoss. Die Gläubigen meinten genau zu wissen, warum Christus an jener Stelle gelandet war. Der Herr wollte seinem in Santiago de Compostela bestatteten Jünger Jakobus so nah wie möglich sein.

Am Jakobsweg selbst trugen sich mehrfach Bildnisfunde der heiligen Jungfrau und Gottesmutter zu, die in Baumstämmen verborgen lag. In Castrojeriz nannte man sie Virgen del Manzano, „Jungfrau vom Apfelbaum", in Ponferrada stießen die Tempelritter bei Rodungsarbeiten für ihre Burg auf die Virgen de la Encina, die „Jungfrau aus der Steineiche". Und in Puente la Reina wirkte ein in einem unterirdischen Fels entdecktes Bildnis Wunder, das man heute in der Jakobuskirche verehrt. Dank der Virgen Soterraña, der „Jungfrau aus der Erde", erlosch vor Jahrhunderten eine Pestepidemie.

Ganz links:
In den Weiten um Castrojeriz hielt die dort verehrte „Jungfrau vom Apfelbaum", Virgen del Manzano, schützend ihre Hand über die Pilger. Man sagt, das Bildnis sei im Stamm eines Apfelbaums gefunden worden – daher der Name.

Links:
Für den Bau ihrer Festung in Ponferrada rodeten die Templer Baum um Baum. Plötzlich hielten sie inne. Aus dem Stamm einer Steineiche blickte eine Marienskulptur, die in der örtlichen Basilika „Unsere Liebe Frau von der Steineiche" verehrt wird.

Rechts:
Sie war das Ziel eines üblen Würfelwurfs: Maria mit dem Kinde am Nordportal der Kathedrale von León. Im Moment des Aufpralls stieß Jesus einen Schmerzenslaut hervor ...

Ganz rechts und unten:
Das lokale Kulturgut von León wird von der gotischen Kathedrale beherrscht. Im Innern liegt im Altarraum der heilige Froilán (um 833–905) begraben, der sich als junger Mann in eine Einsiedelei im Jakobsweg-Landstrich El Bierzo zurückzog. In seinen letzten Lebensjahren bekleidete er das Bischofsamt in León.

Im Kreuzgang der Kathedrale von León (oben) verhallen die Schritte und lassen an Heilige wie San Marcelo und San Isidoro denken. Zu Zeiten der römischen Christenverfolgung legte San Marcelo bei einer feierlichen Parade in León die Waffen ab und bekannte sich öffentlich zu Christus. Er wurde zum Tode verurteilt. Als Toter bereits kam San Isidoro 1063 dank Überführung aus dem spanischen Süden in León an; sein Reliquienschrein ist in der Stiftskirche San Isidoro ausgestellt (links).

Seite 74/75:
Das Kloster von Samos blickt auf eine ereignisreiche Geschichte zurück und dürfte bereits im 6. Jahrhundert begründet worden sein. Es liegt in Händen von Benediktinern.

Flüsse, Schluchten und Brücken

Auf dem höchsten Punkt der Brücke von Puente la Reina stand bis ins 19. Jahrhundert hinein ein Kapellchen mit einem Marienbildnis. Der Volksmund behauptet, dass immer wieder ein Vogel kam, um der Madonna das Gesicht zu putzen.

Unten:
Der rauschende Río Aragón liegt bei Canfranc in den Pyrenäen. Eine Legende weiß, wie die gewaltigen Gebirgsmassen der hinterliegenden Pyrenäen entstanden. Herakles persönlich soll die Erdrücken mit seinen Händen zusammengeschoben haben, um der tragisch ums Leben gekommenen Prinzessin Pirene ein gigantisches Grabmal zu errichten.

Kleine Bilder rechts: *Brücken sind für Jakobspilger ehedem lebenswichtig gewesen – bei breiteren Strömen ersparte dies die Ausbeutung durch betrügerische Flussschiffer. In Navarra geht es bei Pamplona über den Río Ulzama (oben), bei Cirauqui liegt eine Brücke römischen Ursprungs (Mitte). Der Vorläufer der Brücke über den Río Oja soll von Santo Domingo de la Calzada, dem Helden des Hühnerwunders, angelegt worden sein (unten).*

Kleine Bilder links:
Felsformationen, wie hier Los Mallos etwas abseits des Aragonesischen Weges (oben), haben seit jeher die Fantasie von Einheimischen und Durchzüglern inspiriert. Ob geheimnisvolle Kräfte dort wohnten? Auch Schluchten wie die Foz de Arbayún in Navarra (Mitte) und die Gargantas del Sil in Galicien (unten) konnten Furcht einflößen.

Unten:
Um den Eingang zur Schlucht von Lumbier rankt sich folgender Legendenstoff: Es war einmal eine Zofe, die für ihre schwer erkrankte Prinzessin nach Wasser aus einer heilenden Quelle suchte. Ein Fluss versperrte den Weg. Der Teufel tauchte auf und schlug ihr vor: ihre Seele im Tausch gegen den Bau einer Brücke bis zum kommenden Morgen. Die Zofe willigte ein. Der Höllenfürst hielt Wort, verkalkulierte sich indes in der Zeit. Die Seele der jungen Frau war gerettet. Erhalten haben sich Reste jener Puente del Diablo, der „Teufelsbrücke".

Seite 82/83:
In der Rioja wird die Weinlandschaft vom Lauf des Río Ebro durchzogen. Eine Legende besagt, dass zu römischen Zeiten die Köpfe der beiden enthaupteten Märtyrer Emeterio und Celedonio auf dem Ebro schwammen. Dann trieben sie ins Mittelmeer und um die Iberische Halbinsel herum, bis die Fluten sie in Santander ans Land spülten. Ein unschöner Fund ...

Großes Bild links:
Die Brücke über den Río Órbigo war im heiligen Jakobusjahr 1434 Schauplatz zahlreicher Zweikämpfe. Die Liebe hatte den Ritter Suero de Quiñones regelrecht um den Verstand gebracht. Um sich von seiner Krankheit zu befreien, forderte er so viele andere Ritter wie möglich heraus. Ein verrückter Mann mit einer verrückten Geschichte.

Links und unten:
Dem karolingischen Sagenzyklus entstammt das Wunder der blühenden Lanzen am Río Cea in Sahagún. Zurückversetzt ins 8. Jahrhundert, muss man sich ein großes Lager vorstellen, in dem sich die Truppen Karls des Großen auf die Kämpfe gegen die Mauren vorbereiteten. All jene christlichen Streiter, die am Abend vor der Schlacht ihre Lanzen in den Boden stießen, fanden sie am Morgen mit Blättern und Trieben bewachsen vor. Ein Zeichen dafür, dass den Männern ein „glorreicher Tod" bevorstand ...

Tod und Teufel

In Zeiten, in denen die Menschen weder lesen noch schreiben konnten, dienten Kirchenportale als Bilderbücher mit Lehrcharakter. Eindringlich wurde am Hauptportal der Kathedrale von León gezeigt, was mit sünd- und lasterhaften Menschen geschah: Ab in die Höllentöpfe und in die Mäuler grässlicher Unwesen.

Aberglaube, Panik, Verleumdung. Dies war der Stoff, aus dem sich vor Jahrhunderten die Verdächtigungen gegen Hexen zusammensetzten. Ein eindringliches Beispiel bietet das Pyrenäengebiet um Zugarramurdi in Navarra. Dort befinden sich die sogenannten „Hexenhöhlen", wo Frauen schaurige Zusammenkünfte gefeiert und eklige Elixiere präpariert haben sollen.

In Zugarramurdi, in Navarra abseits der Haupt-Jakobswegachse gelegen, kam es zu Beginn des 17. Jahrhunderts zu einer Anklagelawine gegen vermeintliche „Hexen“. Ihnen wurden Teufelsbuhlschaft, schwarze Messen und sogar die Verzauberung des Meeres zur Last gelegt. Laut Volksmund dienten die etwas abseits vom Ortskern Zugarramurdis gelegenen Hexenhöhlen als Versammlungsorte.

Die Halbwüstenlandschaft Bardenas Reales im Süden von Navarra war einst beliebtes Rückzugsterrain von Rechtsbrechern. Dort hielt sich auch der berühmt-berüchtigte Bandit Sanchicorrota versteckt, bis er von einer übermächtigen Zahl an Soldaten aufgespürt und gestellt wurde. Rasch nahm er sich vor seiner Verhaftung das Leben.

„Deine Seele gegen frisches Wasser!" Mit diesen Worten trat der Teufel an einen Pilger heran, der fast dabei war zu verdursten. Das legendäre Geschehen spielte sich in der Bergeinsamkeit zwischen Pamplona und Puente la Reina ab, dort, wo sich heute das Pilgerdenkmal in der Sierra del Perdón erhebt. Der Pilger widerstand dem Angebot, weil der heilige Jakobus als Retter auftauchte und ihn mit Wasser versorgte.

Tödliche Schicksale

Mord am Jakobsweg. Im Mittelalter kein Einzelfall. Folgt man dem Codex Calixtinus, beförderten Fährschiffer und Gastwirte zahlreiche Pilger ins Jenseits. Hinzu kamen Wegelagerer und jener Herbergsleiter aus Burgos, der mittelalterlichen Quellen zufolge im Königsspital mehr als dreihundert Santiago-Wallfahrer vergiftete. Allerdings traf das tödliche Schicksal nicht ausschließlich Pilger. Im riojanischen Santo Domingo de la Calzada, dem Ort des Hühnermirakels, erwischte es Heinrich von Trastámara, der sich mit Gewalt und Kalkül die Königswürde Kastiliens angeeignet und Feindschaften zugezogen hatte. Im Jahre 1379 hielt sich Heinrich mehrere Wochen lang in Santo Domingo auf und erhielt eines Tages ein rätselhaftes Geschenk, dessen Absender nicht zu ergründen war. Das Präsent bestand aus einem Paar prächtiger Reitstiefel. In das feine Leder waren die Initialen des Monarchen gestanzt, es schien genau die richtige Größe zu sein. Wer hatte an ihn gedacht? Ob es eine Adelsdame war, die ihm heimlich schmeicheln wollte? Heinrich fühlte sich geehrt und wollte das Schuhwerk bei nächster Gelegenheit ausprobieren.

Rechts:
Gevatter Tod als Wegbegleiter – ob auf dem beschwerlichen Pfad oder in Form von Reliefs an Gotteshäusern. Hier ein Beispiel an der Kathedrale von Santo Domingo de la Calzada. Während Kapellen in Kirchen und Klöstern für Grabstätten des Adels vorbestimmt waren, fanden verstorbene Pilger oft in Beinhäusern ihre letzte Ruhe.

Tags darauf verspürte Heinrich Lust auf einen Jagdausflug und machte sich nicht die geringsten Gedanken, als er die Stiefel anzog und diese merkwürdig kratzten. Der König war kurze Zeit mit seinem Tross unterwegs, als ihn Übelkeit und hohes Fieber befielen. Seine Getreuen schafften ihn schnellstmöglich zurück und riefen den Leibarzt. Diesem fielen sogleich die winzigen Wunden an Knöcheln und Unterschenkeln auf, die zu starken Schwellungen geführt hatten. „Gift", sagte der Arzt und schüttelte den Kopf, „man hat den König vergiftet." Als man die Stiefel untersuchte, stieß man auf Reste winziger Dornen, die die Haut aufgescheuert und das Gift, mit dem die Innenfläche des Leders präpariert war, ins Blut hatte dringen lassen. Für Heinrich von Trastámara gab es keine Rettung mehr. Man brachte den einbalsamierten Leichnam nach Toledo, des Königs

Herz blieb in Santo Domingo de la Calzada. Dort ruht es heute noch: in einer reliefverzierten Nische im Südosteck des Kreuzgangs der Kathedrale.

Eines rätselhaften Todes starb ein weiterer Herrscher Kastiliens in der Jakobswegstadt Burgos: Philipp der Schöne, der Gemahl von Johanna, die man später „die Wahnsinnige" nannte. Die Tragik nahm an einem heißen Septembertag des Jahres 1506 ihren Lauf, als der König Ausgleich zum Politgeschehen suchte und sich mit einem seiner Untergebenen einen sportlichen Wettstreit lieferte. Es war Pelota, ein baskisches Schlagballspiel. Nach Abschluss der Partie ließ sich der Monarch erschöpft und verschwitzt nieder und fand einen Krug mit kaltem Wasser vor, den er gierig leerte. Die ersten Symptome setzten am kommenden Tag ein. Auf Unwohlsein und Unterleibsschmerz folgten Fieberschübe und Schüttelfrost. Eine Woche später verstarb Philipp der Schöne in Burgos in einem Stadtpalais, der Casa del Cordón. Hatte sich der König tödlich verkühlt? Oder war das Wasser im Krug vergiftet? Das Rätsel wurde nie gelöst ...

Ganz links:
Nicht immer ging es in Santo Domingo de la Calzada so beschaulich zu. 1379 wurde hier ein König, Heinrich von Trastámara, vergiftet.

Links:
Die Casa del Cordón in Burgos sollte Philipp dem Schönen 1506 zur letzten Station werden. Er starb an den Folgen eines vermeintlichen Giftmordes.

Rechts:
Der Sensenmann als Spiel-untergrund. Das Todesmotiv gehört zum „Gansspiel“ (Juego de la Oca) auf dem Vorplatz der Jakobuskirche in Logroño.

Ganz rechts:
Mit dem Jakobswegstädtchen Viana ist das tödliche Schicksal des Cesare Borgia verknüpft. Als er es 1507 mit einer Horde kastilischer Gegner aufnehmen wollte, überschätzte er seine Fähigkeiten und verendete im eigenen Blut.

In der Nähe der Stadtmauer von Logroño traf gegen 1440 der Volksprediger Bernhardin von Siena ein und fesselte mit seinen Worten die Menge. Als einer aufmerksam lauschenden Mutter ihr Baby entglitt und tödlich auf den Steinen aufschlug, erweckte es Bernhardin von Siena umgehend wieder zum Leben.

Krankheiten und ein entbehrungsreiches Leben rafften vor Jahrhunderten viele Menschen in jungen Jahren davon. In Kreuzgängen, wie hier im Kloster San Zoilo in Carrión de los Condes, fanden sozial Höhergestellte ihre letzte Ruhe, auch das Motiv des Todes ist zugegen.

Ganz links:
Die Bekehrung des Zauberers Hermogenes – Dämonen schaffen ihn vor Jakobus. Der Sieg des Guten über das Böse. Szene aus der Jakobuslegende im Retabel der Jakobuskirche in Logroño.

Links:
Über Jakobus hinaus sind in den Kirchen am Weg vielerlei andere Heilige und ihre Geschichten verewigt. In der Iglesia de Sancti Spiritus in Melide ist es der heilige Michael als Bezwinger des Teufels.

Ganz links und links:
In der Klosterkirche San Juan de Ortega steht das Retabel San Jerónimo ganz im Zeichen des heiligen Hieronymus.

Marienlegenden

Man schrieb den Beginn des 16. Jahrhunderts, als eines Tages ein frommer Hirte mit seiner Herde in der Nähe von León unterwegs war. Da erschien ihm die heilige Jungfrau. An selber Stelle erhebt sich das Heiligtum der „Jungfrau vom Wege“, Virgen del Camino, mit einer Schmerzensmutter im Hochaltar.

Ein Pilger, über und über mit Pusteln übersät, befand sich bereits auf dem Weg zurück aus Santiago de Compostela, als er in Sangüesa Halt machte. Als er in der Kirche Santa María la Real vor das Marienbildnis im Hauptaltar trat, fielen die Pusteln von ihm ab…

Das Bildnis der „Maria der hundert Tore“, María de Eunate, wacht im Heiligtum von Eunate (rechts oben). Gelegentlich werden Schwarze Madonnen von den Gläubigen verehrt, wie dieses Bildnis in der Kirche Santa María la Real in Sangüesa (rechts unten).

Der lokale Marienkult besitzt einen hohen Stellenwert in Spanien, jeder will „seine Maria" verehren. Im einsamen Bergkloster von Leyre ist es die Maria von Leyre (links oben), im Heiligtum Virgen del Puy in Estella ist es Unsere Liebe Frau von Puy (links unten).

Da viele Kirchen in den Strömen der Zeit versunken sind, haben manche Marienbildnisse in Museen Unterschlupf gefunden. So wie dieses im Kathedralmuseum von Santo Domingo de la Calzada.

„Möge die heilige Jungfrau Santa María la Real von Pamplona euch gegen alle Gefahren der Seele und des Leibes schützen", heißt es in einem Segenswort für die Jakobspilger.

Maria gilt als Inbegriff der mütterlichen Fürsorge. Trotzdem ist eine solche Darstellung in der Kathedrale von Burgos befremdlich: Die heilige Jungfrau stillt mit entblößter Brust ihr Kind.

In Villalcázar de Sirga vertrauen sich Pilger seit jeher dem Schutz der „Weißen Jungfrau“, Virgen Blanca, an. Dieser prächtig gestaltete Portikus führt in die Kirche Santa María la Blanca hinein.

Maria mit dem Kinde, umrahmt von der Dreikönigsgeschichte und dem Sternenmotiv – Exponat im Kathedralmuseum in Santiago de Compostela.

Einst fand man sie im Gebirge Kataloniens, die Schwarze Madonna von Montserrat. Dort ist ihr ein großes Heiligtum geweiht; auch die Kathedrale von Santiago de Compostela zeigt ihr zu Ehren ein Bildnis.

In der Dorfkirche von O Cebreiro, dem Schauplatz des eucharistischen Mirakels, zieht es die Gläubigen zu dieser Marienplastik.

Zwischen Bergen und Meer

In Spaniens Aberglaubenswelten formten wolkenverhangene Berge, wie hier in der Kantabrischen Kordillere um den Stausee von Porma, oft den Urgrund von Mythen und Mysterien. Der Natur gebührte stets hoher Respekt.

Rettende Ufer im Gebirge

Ein deutscher Pilger, so steht auf einer Tafel am Ortsrand von O Cebreiro, verirrte sich einmal im nebelverhüllten Tal des Río Valcarce. Er hielt inne und hörte, von weit oben aus den Bergen kommend, den Klang einer Dudelsackmelodie. Es war ein „Alalá“, das ein Schäfer spielte. „Jener geheimnisvolle Klang brachte den Pilger bis zum Heiligen Gral“, heißt es zum Abschluss. Gemeint ist der legendäre Kelch, der im Innern der Kirche von O Cebreiro in einem Schrein verehrt wird und einst Gegenstand des eucharistischen Wunders war. In dessen Mittelpunkt stand ein Bauer, der bei eisigen Temperaturen aus den Tiefen des Tals zum Bergdorf O Cebreiro aufstieg, wo Mönche seit der Frühzeit der Santiago-Wallfahrten ein Kloster und Spital unterhielten. Der fromme Ackersmann hatte einen einzigen bescheidenen Wunsch: an der Messe teilzunehmen.

Im Innern der Kirche bemerkte der Bauer, dass er an jenem Tag der einzige Besucher war. Der Zelebrant, einer der Ordensbrüder, zählte zu den Glaubensschwachen und strafte den Ankömmling mit Verachtung. „Sieh dies Bäuerchen an“, dachte er insgeheim, „kommt bei Wind und Wetter nach hier, um ein Stück Brot zu ergattern.“ Abschätzig fuhr er fort und kam zur Feier der Eucharistie: „Der Herr Jesus nahm in der Nacht, in der er verraten wurde, Brot, sagte Dank, brach es und sprach: Dieses ist mein Leib für euch. Tut dies zu meinem Gedächtnis. Ebenso nahm er nach dem Mahl den Kelch und sprach: Dieser Kelch ist der

Rechts:
Beschwerlich war er immer schon, der Aufstieg nach O Cebreiro. Dort betritt man Galicien – und damit Spaniens größte Aberglaubensregion. Ob immer noch des nachts die „Santa Compaña“ unterwegs ist, jene gespenstische Prozession, bei der die Seelen des Fegefeuers auf Wanderung gehen ...?

Ganz rechts:
Kelch und Patene haben in der Kirche von O Cebreiro ihren Ehrenplatz in einem Schrein. Beim eucharistischen Wunder verwandelte sich der Wein in diesem Kelch in Blut, auf der Patene nahm die Hostie die Gestalt rohen Fleisches an.

neue Bund in meinem Blute. Tut dies, sooft ihr ihn trinket, zu meinem Gedächtnis." Im selben Augenblick passierte es. Das Brot verwandelte sich in Fleisch, der Wein im Kelch in Blut. Eine göttliche Lektion.

Himmlischen Schutz hingegen genossen zwei französische Pilger, die im Schneetreiben auf den Pyrenäenübergang von Somport zogen und Opfer ausgehungerter Wölfe zu werden drohten. Im letzten Moment fanden sie Schutz in einem Felsspalt und gelobten für den Fall ihrer Rettung, in der unwirtlichen Gegend ein Pilgerspital zu gründen. In Todesangst zitterten sie sich in ihrem Versteck durch die Nacht. Am Morgen waren die Raubtiere verschwunden, Sonnenglanz stand über der Bergwelt. Im Stahlblau des Himmels entdeckten sie eine Taube mit einem kleinen goldenen Kruzifix im Schnabel und folgten ihr wohlbehalten über den Pass. Dort, wo der Vogel kurz darauf das Kreuz fallen ließ, legten sie den Grundstein für das Hospital de Santa Cristina.

Überschwänglich zählte der Codex Calixtinus dieses Hospital im 12. Jahrhundert zusammen mit Jerusalem und Mont-Joux in den Alpen zu den wichtigsten Pilgerunterkünften der Welt: „Diese drei Spitäler stehen an Punkten wirklicher Notwendigkeit. Es handelt sich um heilige Stätten, Häuser Gottes, Orte der Rückgewinnung von Kräften der glückseligen Pilger, der Ruhe für die Bedürftigen, der Erleichterung für die Kranken, des Seelenheils für die Toten und der Hilfe für die Lebenden." Heute bezeugt ein Ruinenfeld das Hospital de Santa Cristina, das im Mittelalter zahlreichen Pilgern das Leben gerettet haben dürfte.

Ganz links:
Hier spielte sich die legendäre Episode um zwei Pilger ab, die von Wölfen gejagt wurden – Landschaft um den Somport-Pass in den Pyrenäen.

Links:
Wer nach dem Überstieg des Somport-Passes das Tal des Río Aragón erreicht, darf sich in Sicherheit wiegen. Jaca, die nächste Stadt, liegt nicht mehr fern.

Die freundliche Gebirgsstimmung in den Pyrenäen oberhalb von Saint-Jean-Pied-de-Port kann trügen. Im Mittelalter verirrten sich viele Pilger auf dem Weg ins Bergkloster Roncesvalles, stürzten ab und wurden nie mehr gefunden...

Der Aragonesische Weg über den Somport-Pass ist weitaus beschwerlicher als der Hauptstrang über die Passhöhe von Ibañeta. Dafür sind die Gebirgskulissen grandioser, wie das Tal des Río Aragón (links) und der Blick auf das Bergdorf Berdún (unten) zeigen.

Auf dem Französischen Weg, der in den Pyrenäen von Saint-Jean-Pied-de-Port nach Roncesvalles führt, kann es noch heute zu raschen Wetterwechseln kommen. Im Mittelalter läutete man im Kloster bei Nebel und Schneetreiben eine Signalglocke.

Ein letzter Sprint bergan, dann die Tränen der Rührung. Wer im Mittelalter in kleinen Pilgergruppen kurz vor dem Blick auf Santiago de Compostela zuerst den Monte do Gozo, den „Berg der Freude", erreichte, durfte sich als Pilgerkönig fühlen. Heute erhebt sich dort das Denkmal der jubilierenden Pilger (ganz links). Ein weiteres Monument erinnert an einen viel umjubelten Besuch von Papst Johannes Paul II. (links).

Wie muss es einst gewesen sein, als Pilger in der Bergeinsamkeit einen schützenden Platz suchten und diesen schließlich erreichten? Die Einsiedelei Valdefuentes liegt in den Oca-Bergen, allerdings führt heute direkt die Straße vorbei.

Oben:
Sieben Tage lang war das Engelsschiff mit dem Leichnam des Jakobus unterwegs. Es hatte gefährliche Strömungen und schäumende Wellentäler hinter sich gelassen, nun tauchten die Meeresarme von Galicien auf ... Heute wird dort, wie in der Ria de Arousa, Muschelzucht betrieben.

Rechts:
Galicien, das dem heiligen Jakobus zur letzten Ruhestätte werden sollte, hatte zuvor zum Siedlungsgebiet der Kelten gehört. Zeugnis legen Ruinenareale wie der Castro de Baroña ab. Zum Schatz der keltischen Mythologie zählen vielerlei Götter.

Links:
Kap Finisterre, das „Ende der Welt". Auf Jakobspilger übte das Kap im Mittelalter magnetische Zugkraft aus.

Jakobus zog unermüdlich durch Spanien und bemühte sich, die Menschen vom Christenglauben zu überzeugen. Er hatte wenig Erfolg. Eines Tages erreichte er die wilde galicische Küste bei Muxía, ließ sich erschöpft nieder und schaute hinaus aufs Meer. Plötzlich machte er ein Boot aus, das sich der Felsenküste näherte. Es war ein Boot aus Stein, das über die Wasserfläche zu schweben schien …

An Bord des mysteriösen Steinbootes, das Jakobus vor der Felsenküste Galiciens erblickte, saß eine herrliche Frau. Sie gab sich als die heilige Jungfrau Maria zu erkennen und sprach Jakobus bei seiner Mission eindringlich Mut zu. Die Stelle, an der das Boot landete, ist als Punta da Barca bekannt. Hier befindet sich ein Marienheiligtum, das auf Galicisch Virxe da Barca heißt, „Jungfrau vom Boot".

Monster und Fabelwesen

Fabelwesen, Handwerksberufe, keltische Flechtbandornamentik – die Fassade der Kirche Santa María la Real in Sangüesa ist ein offenes Bilderbuch. Hier ließen die Steinbildhauer ihrer Fantasie und Gestaltungskraft freien Lauf.

Im Kreuzgang des Felsenklosters San Juan de la Peña sind die Kapitelle nicht nur mit biblischen Szenen versehen. Hier tummeln sich auch merkwürdige Wesen, die als Ausdruck schützender Mächte interpretiert werden können.

Wasserwesen mit dem Muschelmotiv als Dekor: Brunnen auf der Plaza del Castillo, dem Hauptplatz von Pamplona.

12. Jahrhundert Aufschluss: „Es darf nicht in Vergessenheit geraten, dass neben der Szene mit den Versuchungen des Herrn eine Frau dargestellt ist, die mit ihren Händen den verwesten Kopf ihres Liebhabers umfasst hält, ausgerissen von ihrem eigenen Gemahl, der sie zwingt, den Schädel zweimal täglich zu küssen. Welch bewundernswerte Strafe für diese ehebrecherische Frau!“ Eine makabere Lehre.

Was anderweitig in Aussicht stand, spiegelt das mittlere Bogenfeld am Hauptportal der Kathedrale von León wider: Frauen, gierig verschlungen von monströsen Ungetümen und kopfüber gesteckt in Höllentöpfe, auf großer Flamme lodernd. Ähnliche Darstellungen von Männern finden sich im Übrigen nicht. Dafür maß sich das vermeintlich starke Geschlecht an, über das schwache zu urteilen. So wie in Astorga, wo Frauen mit sogenanntem unsittlichen Lebenswandel hinter Gefängnismauern landeten, genauer: in der Celda de las Emparedadas, der „Zelle der Eingemauerten“. Santiago-Wallfahrer erbarmten sich ihrer und steckten ihnen Essen zu.

Glaubensfurcht geboten einst die wächtergleichen Skulpturenköpfe von Löwe und Bär am Ablassportal der Stiftskirche San Isidoro in León, während an der Iglesia de Santiago in Logroño der berittene Jakobus als Maurentöter Respekt abverlangte. In Legenden und bildlichen Motiven kam der Teufel nicht zu kurz, der arglosen Pilgern entgegentrat, um sich listenreich ihre Seelen zu erschleichen. Dargestellt wurde er häufig mit Hörnern, verzerrtem Gesicht und affengleichem Schwanz. Am Zugang zur Capilla de los Condestables in der Kathedrale von Burgos zeigt der Höllenfürst gar schamlos das erigierte Glied ...

Ganz links:
Abschreckende Wirkung an der Hauptfassade der Kathedrale in León. Sünderinnen – pardon, nur Frauen! – landen in lodernden Höllenkesseln oder in den gierigen Mäulern dämonischer Geschöpfe.

Links:
Unbeugsamkeit im Glauben, Widerstand gegen das Böse, die Herrlichkeit einzig im Himmel – Detail aus dem San-Jerónimo-Retabel in der Klosterkirche San Juan de Ortega.

Große Bilder rechts:
Mehr als 300 Sparrenfiguren umziehen die romanische Kirche San Martín in Frómista (oben). Hier bietet sich ein wahres Tummelbecken für Tier- und Fabelwesen. Je nach Motiv stehen dergestalt abgebildete Tiere als Symbole für das Gute (z. B. der Pelikan) und das Böse (z. B. der Wolf). Reich ausgeschmückt ist auch das Maßwerk im „Kreuzgang der Ritter" des Klosters Santa María in Nájera (unten).

Kleine Bilder ganz rechts:
Im Kreuzgang des Klosters Santo Domingo de Silos, in der Provinz Burgos südlich der Jakobswegachse gelegen, herrscht ein regelrechtes Gewimmel an Tieren und Fabelwesen. Löwen und Affen sind ebenso zugegen wie Harpyien. Das sind Frauen mit Flügeln und Vogelleibern, Motive, deren Vorbilder auf der griechischen Mythologie fußen. Kleine Meisterstücke der Romanik.

Portalzier an der Iglesia de San Nicolás in Portomarín – eine übermäßig verrenkte Figur neben einem Pflanzenkapitell.

Ist dieser Mann Simson – auch Samson genannt –, der mit übermenschlicher Kraft ausstaffiert war und sogar einen Löwen in Stücke riss? Die Person, die in der Kathedrale von Santiago de Compostela am Trumeaupfeiler des Pórtico de la Gloria zwei Löwen die Mäuler öffnet, gibt Rätsel auf.

Das Jüngste Gericht, die Visionen der Apokalypse, biblische Figuren, exemplarisch bekehrte Heiden, Engel – all dies gehört zum Motivreichtum des Pórtico de la Gloria in der Kathedrale von Santiago de Compostela.

Cabo Ortegal
Viveiro
Ribadeo
Luarca
Avilés
Gijón
Ribadese
Ferrol
Pontedeume
Oviedo
A Coruña
Malpica de Bergantiños
Betanzos
Villalba
ASTURIAS
Mieres
Laxe
Carballo
Picos
GALICIA
Cangas del Narcea
Muxia
Pais del Jallas
Ordes
Santa Comba
Cordillera Can
Lugo
Cée
Villablino
Santiago de Compostela
Cerceda
Arzúa
Mellid
Palas de Rey
Lavacolla
Leboreiro
Gonzar
Becerreá
Sierra de Picos de Ancares
Sierra de Jistredo
Cabo Finisterre
Carnota
Portomarín
Sarria
Triacastela
La Robla
Noia
Pedrafita do Cebreiro
CASTIL
Padrón
Ulla
Samos
Fonfría
O Cebreiro
Toreno
Punta Carreiro
Sierra del Faro
Miño
Sierra del Caurel
La Virgen del Camino
León
Villafranca del Bierzo
Cacabelos
Valdelafuente
Cabo de Corrubedo
Ribeira
Vilagarcía
Ponferrada
Molinaseca
Villadangos del Páramo
Mansilla de las Mulas
Monforte de Lemos
Sil
Montañas de León
Cambados
El Acebo
Rabanal del Camino
Santibáñez de Valdeiglesias
Hospital de Órbigo
El Burgo Ranero
Combarro
Pontevedra
Sanxenxo
Astorga
Marin
O Barco
El Páramo
Sahagún
Orense
Cangas
Redondela
La Bañeza
Valencia de Don Juan
Villada
Vigo
Sierra de la Cabrera
Tier
Porriño
Baiona
PORTUGAL
Benavente
SPA

Biarritz
Bayonne
St. Jean-de-Luz
FRANKREICH
Santander
San Sebastian
Torrelavega
Bilbao
St. Jean-Pied-de-Port
CANTABRIA
PAIS VASCO
Valcarlos
Roncesvalles
Zubiri
Erro
Somport-Pass
Candanchu
Pamplona
Vitoria
Sierra de Andía
Aoitz
Cizur Menor
Canfranc
Castiello de Jaca
Monreal
Cirauqui
Ucar
Lumbier
Monasterio de Leyre
Berdun
Estella
Puente la Reina
Jaca
Aguilar de Campoo
Miranda de Ebro
Villamayor de Monjardín
Sangüesa
Javier
Embalse de Yesa
Santa Cruz de la Serós
Monasterio de la Peña
LEÓN
Haro
La Bureba
Los Arcos
Torres del Río
Tafalla
Viana
NAVARRA
Saldaña
Grañón
Santo Domingo de la Calzada
Logroño
Lodosa
Castillo de Loarre
Navarrete
Ebro
Belorado
Villamayor del Río
Azofra
Nájera
San Juan de Ortega
Osorno
Villasandino
Tardajos
Espinosa del Camino
Calahorra
Ayerbe
Carrión Condes
Villalcázar de Sirga
Hontanas
Burgos
Villafría
LA RIOJA
ARAGÓN
Arnedo
Alfaro
Torrecilla en Cameros
Castrojeriz
Frómista
Villoldo
Sierra de la Demanda
Ejea de los Caballeros
Tudela
La Ribera
Arga
Aragón
de Campos
Lerma
Salas de los Infantes
Palencia

Abstecher in die Welt der Megalithkulturen, Abstecher ins Baskenland in die Nähe von Laguardia: zum Dolmen La Chabola de la Hechicera. Auf Deutsch bedeutet dies „Hütte der Hexe".

Impressum

Buchgestaltung:
hoyerdesign grafik gmbh, Freiburg
www.hoyerdesign.de

Karte:
Fischer Kartografie, Aichach

Printed in Germany
Repro: Artilitho, Lavis-Trento, Italien – www.artilitho.com
Druck und Verarbeitung: Offizin Andersen Nexö, Leipzig

ISBN 978-3-8003-1895-7

Unser gesamtes Programm finden Sie unter:
www.verlagshaus.com

Fotografen

Martin Schulte-Kellinghaus und **Erich Spiegelhalter** leben als freie Fotografen in Lörrach und Freiburg. Als Fotografenteam produzieren sie Diashows zu verschiedenen Reisethemen. Beide haben bereits zahlreiche Bildbände und Reportagen in Zeitschriften und Magazinen veröffentlicht. Zum Jakobsweg sind von Ihnen im Verlagshaus Würzburg bereits die Bände „Abenteuer Jakobsweg", „Jakobsweg" (Premium-Reihe) und „Auf dem Jakobsweg" (Panorama-Reihe) erschienen.
www.schulte-kellinghaus.de
www.erich-spiegelhalter.de

Autor

Andreas Drouve, Dr. phil., Jahrgang 1964, gilt als einer der renommiertesten Kenner der Pilgerbewegung nach Santiago de Compostela. In seiner Wahlheimat Spanien lebt der deutsche Autor und Journalist direkt am Jakobsweg und hat bereits zahlreiche Erfolgsbücher zum Thema verfasst. Dazu zählen „Geheimnisse am Jakobsweg", „Lexikon des Jakobswegs", „Stille Winkel auf dem Jakobsweg", „Die Wunder des heiligen Jakobus" und „Segensworte vom Jakobsweg". Im Verlagshaus Würzburg sind die Bände „Abenteuer Jakobsweg", „Jakobsweg" (Premium-Reihe) und „Auf dem Jakobsweg" (Panorama-Reihe) erschienen.
www.andreas-drouve.de